STUDIOS
T A L M A

Du même auteur :
– *Prières de vie de l'Empereur Jaune* (I)
– *Prières de guérison de l'Empereur Jaune* (II)
– *Prières de soutien de l'Empereur Jaune* (III)
– *Les Prières de l'Empereur Jaune* (il réunit les volumes I à III)
– *Prières de secours de l'Empereur Jaune* (V)

Avertissement. Le contenu de ce livre ne peut en aucun cas se substituer à un avis, diagnostic ou traitement médical professionnel. Vous devez toujours consulter des professionnels de la santé et suivre leur avis sans délai quel que soit le contenu de ce livre, qui n'est pas médical. Nous ne pouvons donc aucunement être tenus pour responsables des conséquences éventuelles qu'il pourrait engendrer. Chaque lecteur assume le risque et la responsabilité pour l'ensemble de ses actions et choix.

ISBN : 978-1-913191-50-4
Dépôt légal : 1er trimestre 2025

Talma Studios International Ltd.
Clifton House, Fitzwilliam St Lower
Dublin 2 – Ireland
www.talmastudios.com
info@talmastudios.com
© All rights reserved. Tous droits réservés.

Amaya Chu Shen

PRIÈRES DE SOUTIEN DE L'EMPEREUR JAUNE

Introduction

Ce livre est le troisième opus de la collection des prières de l'Empereur Jaune (黄帝, Huángdì). Premier des cinq empereurs mythiques de la Chine, il est considéré comme le père de la civilisation chinoise et de la médecine traditionnelle chinoise, et aurait vécu entre 2698 et 2598 avant J.-C. Néanmoins, son inépuisable connaissance continue à nous parvenir via une expérience vécue au-delà de ce qui est imaginable.

Par exemple, elle peut nous propulser des milliers d'années en arrière auprès de lui pour cueillir des plantes utiles à un cataplasme ou préparer une tisane de feuilles de théier que nous sommes allés chercher ensemble dans ses montagnes. Ces excursions riches de détails et d'apprentissages feront l'objet d'un prochain livre. Ainsi, par les soins qu'il nous enseigne et conduit avec nous, l'Empereur Jaune agit sans barrières entre les mondes et les époques ; et réciproquement lorsqu'il vient nous chercher.

Nous avons déjà bénéficié de trente-neuf prières de vie destinées à la santé en général, à la croissance spirituelle, à la gestion des émotions, aux âges de l'existence, à l'activité professionnelle, au succès, entre autres.[1] Ces prières abordent aussi des thèmes plus précis comme l'accompagnement des personnes mourantes, les moyens de protections pour les thérapeutes, la santé des animaux ou des plantes, la purification des lieux. Le deuxième volume comprend soixante-quinze prières de guérison pour différentes maladies, regroupées selon les parties d'un arbre représentant les zones du corps humain telles que les a définies l'Empereur Jaune.[2] Ce sont de merveilleux outils d'accompagnement dans une vision holistique des maladies.

---
1. *Prières de vie de l'Empereur Jaune*, A. Chu Shen, Talma Studios, 2023.
2. *Prières de guérison de l'Empereur Jaune*, A. Chu Shen, Talma Studios, 2024.

Cette fois, il s'agit de cent quarante-quatre prières, qu'il a lui-même choisies pour nous tous.[3] Elles sont à l'état « brut », c'est-à-dire sans commentaires concernant leur utilisation, car il a expliqué vouloir laisser libre cours à votre intuition quant à la « posologie », donc le rythme ou la fréquence des prières. C'est pourquoi vous ne trouverez pas de mode d'emploi.

Ces prières de soutien traitent de maladies difficiles, parfois rares ou chroniques, la plupart du temps éprouvantes, douloureuses, invalidantes. Comme à chaque fois, il ne sera jamais question de remettre en cause vos traitements et démarches de soins. Au contraire, nous sommes dans la pleine coopération des compétences.

L'Empereur Jaune nous encourage à intégrer la prière comme un souffle permettant une communication entre soi, l'Univers et la maladie. Il nous emmène sur les chemins de la confiance en nos protections personnelles, ainsi que de la foi en nos capacités inexplorées de guérison.

Il transcende tous les espaces, visibles ou invisibles, toutes les « divinités » quelles que soient les religions et les spiritualités, toutes les instances capables d'apporter une aide pour le bien des humains, mais aussi pour le monde végétal, les animaux, les minéraux… Chaque fois qu'une prière est prononcée, elle mobilise l'énergie de l'Empereur Jaune, qui intercède en notre faveur, car il la reconnaît, d'où l'importance de la répétition des mots. Elle crée le lien d'intimité qui réconforte et dont nous avons besoin aux différentes étapes de la maladie.

Ces prières de soutien sont écrites pour être récitées pour soi-même, mais elles peuvent être transformées pour être adressées à autrui.

Telle que nous pratiquons la prière, hors dogmes religieux, elle participe à la respiration de notre âme. Fondement de notre

---

3. NdÉ : Il y a 144 prières, mais elles concernent 159 maladies et plus, car il est précisé lorsqu'une prière est à utiliser pour des pathologies proches.

appartenance à tous les mondes, elle se veut aussi reliance entre notre nature visible et celle de l'invisible, pourtant tellement présente.

Nous avons décrit dans nos livres précédents comment prier, comment optimiser l'intention de la prière et il nous semble désormais essentiel que chacun(e) explore à sa façon cet univers, afin de s'en approprier les bienfaits. Lorsque nous prions, aucune règle ne prédomine quant à la façon de faire. Seules comptent la présence dans le cœur et l'intention de dispenser le bien. C'est essentiel, qu'elles soient prononcées intérieurement ou à voix haute, selon votre préférence.

Certaines prières trouveront un bénéfice à être associées à celles déjà publiées. Voici quelques indications qu'il nous a transmises :

– toutes les prières seront renforcées par les prières générales autour de la santé du volume 1 (*Prière pour la pensée créatrice en santé*, *Prière pour le maintien en santé*, *Prière pour les miracles*, *Prière pour les énergies nocives*, *Prière pour la douleur*, etc.) ;[4]

– la prière pour les cancers, généraliste dans le volume 2, trouve ici un approfondissement avec des prières spécifiques pour des types de cancers précis.[5] Il est possible de réciter les deux (l'une le matin, l'autre le soir, par exemple) ;

– les maladies auto-immunes seront identifiées par « AI » à côté du titre. Ces prières seront soutenues par celle pour *Les cancers, les maladies auto-immunes* du volume 2 ;[6]

– les traitements et actes de soins prescrits par votre médecin peuvent être optimisés par la prière pour la *Prévention par dynamisation des médicaments ou compléments alimentaires* du volume 2 ;[7]

---

4. *Prières de vie de l'Empereur Jaune*, op. cité.
5. *Prières de guérison de l'Empereur Jaune*, op. cité, p. 26.
6. *Prières de guérison de l'Empereur Jaune*, op. cité, p. 26.
7. *Prières de guérison de l'Empereur Jaune*, op. cité, p. 23.

– toutes les prières seront renforcées par celles du chapitre *La croissance spirituelle* du volume 1. Laissez votre intuition vous guider sur celle qui vous correspond le mieux, laissez-vous attirer vers celle qui vous appelle ;

– parfois, certaines maladies s'accompagnent d'émotions fortes. Les prières du chapitre *Sentiments* du volume 1 vous aideront à faire face ;

– la prière pour *La déprogrammation de la maladie* du volume 2 est un puissant allié pour démanteler les schémas de construction et d'action de la maladie ;[8]

– après guérison ou période d'accalmie, la prière pour *La reprogrammation cellulaire* et celle pour *La prévention des récidives* (volume 2) assurent la consolidation de ce qui a été accompli ;[9]

– les soins aux maladies infectieuses se trouveront renforcées par la prière pour *L'infection* du volume 2 ;[10]

– les maladies inflammatoires seront adoucies par la prière pour *L'inflammation* du volume 2 ;[11]

– l'état maladif occasionne souvent de la fatigue. Votre vitalité sera soutenue par la prière pour la *Fatigue psychique* du volume 2.[12]

Contrairement aux prières de guérison, qui reliaient chaque système du corps humain aux parties d'un arbre, nous répartirons ces textes par type de maladie, puis par ordre alphabétique.

Puissent ces prières changer votre regard sur la maladie et la guérison.

Puissent-elles vous soutenir dans la découverte des cordons

---

[8]. *Prières de guérison de l'Empereur Jaune*, op. cité, p. 27.
[9]. *Prières de guérison de l'Empereur Jaune*, op. cité, p. 28, p. 22.
[10]. *Prières de guérison de l'Empereur Jaune*, op. cité, p. 69.
[11]. *Prières de guérison de l'Empereur Jaune*, op. cité, p. 68.
[12]. *Prières de guérison de l'Empereur Jaune*, op. cité, p. 52.

de dépendance qui existent entre santé et psyché, afin de (re)trouver l'état d'équilibre.

Puissent-elles vous aider à aller mieux, voire à guérir.

L'Empereur Jaune et la maladie
En dehors des prières, l'Empereur Jaune continue à nous enseigner, à distiller ses perles de sagesse. Voici ses réponses lors d'un échange concernant le rôle de la maladie :

« Pourquoi ne pouvons-nous pas apporter une aide à chaque personne qui souffre ? »[13]

Que fais-tu du libre arbitre ?

Que fais-tu de la possibilité pour un Homme de décider de son sort ?

Pourquoi penser que guérir, c'est ôter la maladie ?

Peut-on guérir tout en étant malade ?

Peux-tu répondre à cela ?

Guérir s'accompagne de la compréhension et de l'acceptation

Toute personne qui accède à ces deux aspects est libre de sa souffrance

L'Homme doit quitter le « vouloir » et céder la place à plus grand que lui

Il se positionne toujours en grand maître des situations, invitant ses meilleurs scientifiques ou médecins pour régler les problèmes de santé des gens

Mais c'est l'erreur que vous commettez

D'abord, interrogez la personne pour connaître ses intentions

Souhaite-t-elle être guérie ?

---

13. Mes questions sont entre guillemets, et ses réponses sont toujours, comme dans les deux précédents volumes, avec une ponctuation minimale, et plus encore dans les prières. Seuls apparaissent les points d'interrogation.

En dernier recours, pourquoi mourir serait un échec ?

Un échec pour qui ? Pour le médecin qui ne peut prouver que son traitement agit ? Pour le malade qui part avec son mal ?

Pourquoi vos sociétés condamnent-elles la maladie ?

Combien de vos malades se sentent-ils coupables de leur état ?

Et si nous voyions les choses différemment ? Es-tu d'accord pour essayer ?

« Oui, je le suis, c'est passionnant. »

Imagine un monde où la maladie serait honorée

Cela te paraît étonnant ?

Vous êtes conscients que la maladie est un état désagréable lorsqu'elle engendre des souffrances, de la douleur, des limitations, des handicaps, etc.

Mais, au lieu de la nier, de la condamner, de lui en vouloir, de vous en vouloir, ouvrez-lui votre porte, faites-lui de la place sur votre canapé

Accueillez-la comme un hôte de marque

Pourquoi ?

La réponse est simple : dans votre façon de voir les choses, vous vous identifiez à votre maladie

La maladie, c'est vous, n'est-ce pas ?

Elle est en vous, elle fait partie de votre être, elle est vivante en vous

Alors, l'accueillir comme une amie, c'est d'abord vous respecter, ne pas vous nier, ne pas vous en vouloir

Si vous abordez la maladie avec envie de la fuir, vous ne créerez aucune alliance pour évoluer ensemble

La maladie s'est développée en vous, mais est-elle vous ?

Non, elle ne vous définit pas, même si vous devez passer de longues heures par jour à vous en occuper

Elle ne fait pas de vous un humain uniquement déterminé par le fait qu'il est malade

Elle est née en vous, elle a pris place en vous, mais elle n'est pas vous

C'est une entité à part, que vous pouvez mettre à distance

Mais cette distance ne peut s'opérer que si vous l'avez d'abord accueillie

Est-ce compréhensible ?

« Parfaitement »

Nous autres, Chinois, abordons la maladie comme une perturbation du qi[14] fondamental, un dérèglement affectant l'humain

Pour vous, à votre ère, il est plus difficile d'évoluer dans le soin des maladies, car vous devez gérer ce qui n'existait pas de mon temps : le stress

Vous êtes entourés, pénétrés de stress divers, dont les plus importants sont les pollutions : ce que vous touchez, ce que vous ingérez, ce que vous respirez est vicié, mais vous oubliez aussi souvent ce que vos yeux et oreilles perçoivent

De plus, les vibrations des ondes emplissent vos espaces confinés faisant de vous des êtres en prison

Vos bébés se créent dans des matrices pauvres en énergie, affaiblies par un environnement délétère

Les sons et les environnements sont laids s'ils sont artificiels, reléguant la nature au rang d'exception

Vos bébés sont nourris au lait artificiel, portent des tissus synthétiques, sont aspergés de produits tels des vaccins dès leur naissance

---

14. Le qi ou chi est un fluide non perceptible qui crée et anime l'univers et toute forme de vie, dans les cultures asiatiques.

Je ne dénigre pas les vaccins, mais ont-ils leur place dans des organismes si jeunes, pour lesquels les barrières de protection ne sont pas encore érigées ?

Le fer, le plastique envahissent leurs sphères d'exploration, alors que le bois réchaufferait leurs corps fragiles, les rendraient plus forts contre les agressions en rehaussant leur énergie vitale

Laissez les bébés jouer sur le parquet

Les enfants mangent très tôt des composants irritants pour leur organisme, et vivent dans un monde qui bouge tout le temps

Pas étonnant qu'il y ait tant de problèmes visuels ou de concentration

Tout bouge autour

Les repères même de la vie quotidienne s'agitent en permanence

Les compositions familiales se font et se défont, les étages générationnels ne sont plus respectés

La maladie trouve un berceau bien adapté pour elle dans un tel contexte

Elle sait cependant se montrer coopérative et sait se mettre en sourdine voire disparaître lorsqu'elle n'a plus aucun rôle à jouer

L'intégrer dans sa vie comme une alliée, c'est accélérer le processus de guérison

Elle ne demande comme vous qu'à être écoutée et prise en compte

Après ces remarques préliminaires, il est temps de passer aux prières.[15]

---

15. NdÉ : Les prières devant être récitées avec la force de l'intention, nous avons donc pris soin lors de la mise en page qu'elles ne soient pas coupées, d'où des blocs parfois blancs.

Les maladies cancéreuses

Chaque prière de ce chapitre peut être couplée à la prière pour *Les cancers, les maladies auto-immunes* du volume 2.[16]

À l'exception de la dernière prière de cette partie, chacune débutera par :
Seigneur de l'Univers
Anges présents et puissants

Cancer particulier de l'enfant
Seigneur de l'Univers
Anges présents et puissants
Guérissez ... (nom de l'enfant)
De l'injustice dont il est victime
Qu'il retrouve sa candeur
Dans son corps innocent
Que la souffrance s'évapore
Et transforme le ruisseau étranglé
En source jaillissante
Merci

Cerveau
Seigneur de l'Univers
Anges présents et puissants
Aux sources de la mécanique de mon corps
Désamorcez les courts-circuits
Levez les obstacles
La route est libre et ma pensée est agile
De un, de deux
Je suis en vie et mon moteur est l'entrain

---
16. *Prières de guérison de l'Empereur Jaune*, op. cité, p. 26.

Col de l'utérus
Seigneur de l'Univers
Anges présents et puissants
Que la matrice réceptacle de la graine
Choisisse la vie pour me remplir
Que je puisse m'y lover
Pour renaître à moi-même
Afin d'exalter ma joie d'être vivante sur Terre
Faites pleuvoir sur moi les gouttes du réconfort
Je suis aimée et j'aime en retour

Côlon
Seigneur de l'Univers
Anges présents et puissants
Permettez le nettoyage
De tous mes canaux de communication
À chaque instant, dans chaque interstice
Nettoyons la lignée, les crasses incrustées
Pour que je puisse me libérer
Amen[17]

Estomac
Seigneur de l'Univers
Anges présents et puissants
Acceptez mon humble demande
Aidez-moi dès à présent
À comprendre ce qui ne passe pas
Ce que je garde en moi
Sans pouvoir métaboliser ni transformer
Permettez-moi la perspicacité
Pour délivrer mon être des chaînes de l'ignorance
Merci pour la bienveillance, la douceur, la tolérance

---

17. Comme précisé dans le premier volume, le mot *Amen* nous avait étonné, car il ne correspond ni à l'époque ni à la civilisation de l'Empereur Jaune. Il nous avait alors répondu qu'il s'adapte à celles et ceux avec lesquels il échange.

Foie
Seigneur de l'Univers
Anges présents et puissants
Libérez-moi instamment
Et sans retour
Du mal de mon foie
Aidez-moi à apaiser les colères rentrées
Le sentiment d'injustice et de trahison
Que le feu purifie sans détruire
Je suis prêt(e)

Intestin grêle
Seigneur de l'Univers
Anges présents et puissants
Le temps va trop vite
Je n'ai pas le temps d'absorber
Les évènements de ma vie
Permettez-moi d'apaiser le stress
De libérer mon corps et mon esprit
Des injonctions à aller toujours plus vite
Je ralentis
Le mal s'en va
Merci

Leucémie
Seigneur de l'Univers
Anges présents et puissants
Soyez à mes côtés
Pour nettoyer, pour purifier avec moi
La ronde des globules est prête
Je danse avec la vie
Qui coule dans mes veines
Comme un jeune torrent
Découvrant son chemin
Je suis heureux(se)
Je vous suis reconnaissant(e)

Lymphome
Seigneur de l'Univers
Anges présents et puissants
Aidez-moi à dresser des barrières efficaces
À reconnaître mes ennemis avec perspicacité
Donnez-moi l'amour de moi
Pour que jamais je ne me trompe de cible
Tout est parfait
Mon corps fonctionne à la perfection
Merci

Œsophage
Seigneur de l'Univers
Anges présents et puissants
Enlevez de ma route
Les obstacles grossiers
Qui entravent ma progression
Je ne veux plus être gavé(e)
Je ne veux plus être pollué(e)
Par ce que l'on tente de m'imposer
Je suis fort(e)
Je suis stable
Grâce à vous, merci

Os
Seigneur de l'Univers
Anges présents et puissants
J'ai besoin d'être soutenu(e)
Par votre constante assistance
Qu'à vous seuls, vous puissiez ériger
Les fondations de mon domaine
De ma robustesse naîtra ma valeur
Je suis un être précieux et aimable

Pancréas
Seigneur de l'Univers
Anges présents et puissants
En ce lieu caché et peu accessible
J'ai amassé mes douleurs les plus secrètes
Puissiez-vous m'aider à les digérer
Pour que mon corps choisisse de vivre
Dans les beautés de la vie
Je suis dans la bascule
Avec vous, j'opte pour la lumière, l'amour et le don
Merci

Peau
Seigneur de l'Univers
Anges présents et puissants
Je ne puis cacher plus
Mon désarroi ni ma fuite
Protégez-moi
Calmez mon tumulte
Je suis en feu
Fuyez œuvres maléfiques
Je suis en bonne santé
Dépouillé(e), lavé(e) et sauvé(e)
Je rends grâce

Plèvre
Seigneur de l'Univers
Anges présents et puissants
Les grandes émotions circulent en moi
Et je ne possède plus de protection efficace
Le filet à papillons ne fonctionne plus
Voile léger qui se reconstitue
Aidez-moi, aidez-moi
À le rendre étanche et souple à la fois
Pour que je puisse respirer
Amplement et librement
Merci

Poumon
Seigneur de l'Univers
Anges présents et puissants
Aidez-moi
Les oreilles de la vie
Écoutent mon cœur pleurer en silence
Alvéoles, palpitez
Il y a du souffle, il y a de la vie
Je veux découvrir encore et encore
Marcher et courir
Rire et jouer
Faites s'envoler les soucis
Emplissez mon air de bulles d'amour
C'est mon souhait le plus brûlant

Prostate
Seigneur de l'Univers
Anges présents et puissants
Dans la loge de mon intimité
J'enferme mes tourments
Mes questionnements et mes tracas
Aidez-moi à casser ma coquille
Pour qu'enfin j'existe
Dépouillé de tout ce qui me freine
Je m'épanouis
Je suis un homme libre
Merci

Rein
Seigneur de l'Univers
Anges présents et puissants
Prenez mes peurs, désintégrez mes soucis
Protégez-moi dans ma lutte
Offrez-moi la guérison
Pour qu'à nouveau dans mon corps
Les échanges s'opèrent dans la fluidité et la pureté de mes systèmes
Amen

Sein (femme)
Seigneur de l'Univers
Anges présents et puissants
Aidez-moi à exister
Pour moi et pour les autres
À connaître l'équilibre entre les deux
Pour ne pas me perdre
Ne pas perdre le lien qui me relie à la vie
Je suis emplie d'amour
Dans le don et le partage que je reçois d'abord de vous
Avant de diffuser
Ma perception change
Je suis une avec l'Univers
Et ainsi accompagnée
Je resplendis dans ma féminité
Tumeur, tu n'as plus lieu d'être
Je suis saine et joyeuse

Testicule
Seigneur de l'Univers
Anges présents et puissants
Permettez-moi d'offrir à mon corps
Une guérison complète de mes cellules
Cet épisode se termine
Il n'entrave pas mon fonctionnement
Je retrouve ma vigueur et mon entrain
Je sais m'arrêter pour écouter
Les signaux de la dévalorisation ou du débordement
Merci

Thyroïde
Seigneur de l'Univers
Anges présents et puissants
Permettez à ces cellules malsaines
Désireuses de freiner mon corps et mon esprit
Désireuses de semer la zizanie dans mon équilibre
De disparaître pour toujours
Nul besoin d'agressions étrangères
Je me protège et augmente mon rayonnement
Je suis fort(e) et protégé(e)

Vessie
Seigneur de l'Univers
Anges présents et puissants
Au siège de mes entrailles
Libérez vos fluides magiques
Pour désagréger tumeur et symptômes
Grâce à vous, mon corps est sain
Propre et lumineux
Merci

Voies aérodigestives supérieures (VADS)
Seigneur de l'Univers
Anges présents et puissants
Au carrefour des fonctions d'alimentation et de communication
Permettez-moi de guérir
Pour accepter la vie comme elle vient
Pour la savourer dans la confiance
Et oser être en toute simplicité
Sans peur du rejet ou des critiques
Je suis unifié(e) au Tout
Je suis lié(e) à vous, présences lumineuses
Je ne crains rien
Je suis en paix

Pour éviter les récidives
En ce nouveau jour béni
Je remercie toutes les instances du Ciel
Me permettant d'être en vie
Et équilibrant tous mes systèmes dans leur fonctionnement
Je suis heureux(se), en paix et stable

Les maladies cardiovasculaires et métaboliques

Accident vasculaire cérébral (AVC)
Anges de lumière
Je vous invoque
Pour me donner la vie sans séquelles
Et sans récidive
Mon cerveau retrouve son fonctionnement
L'AVC n'était qu'un accident
Permettez-moi de rester dans la mobilité des fluides
Et la clarté de la pensée à tout instant
Sans fatigue ni dérangement
Merci

Artérite
À toutes les protections célestes
Faites dissoudre ce caillot
Pour qu'il ne forme aucune obstruction dans ma jambe
Urgence, dissolution
Pour circulation normale et fluide
Amen

Caillot (prévention)
Aux présences célestes protectrices
Je demande la fluidité sanguine
Jour après jour
Sans détour
Merci

Diabète de type 1 (AI pour « auto-immune »)
Diabète de type 2
Je me laisse envahir
Par la douceur de la vie
Harmonie qui me traverse
Réconfort qui pénètre mon intériorité
Merci d'être présentes pour moi, lumières guérisseuses de l'Univers
Je compte sur vous
Pour m'aider à dépasser et à contrôler
Jusqu'aux portes de la guérison

Diabète gestationnel
À vous qui veillez constamment sur moi
Libérez-moi de ces émotions perturbatrices
Laissez-les s'échapper de mon corps
Pour que mon cœur soit en paix
Pour que mon métabolisme retrouve son équilibre
Je suis en paix
Merci

Embolie pulmonaire (prévention)[18]
Aux présences célestes protectrices
Je demande la fluidité sanguine
Jour après jour
Sans détour
Merci

---
18. C'est la même prière que contre les caillots.

Hypercholestérolémie
J'équilibre ma vie
J'équilibre les excès
Je prends soin de ma vie
Je libère les surplus
Je les offre à l'Univers
Qui se chargera de les dissiper
Amis angéliques, puissants et présents
Aidez-moi à changer et à purifier
Merci

Hypertension artérielle
Aidez-moi à adoucir
Aidez-moi à ralentir
Fleur d'angélique, parfum de camomille[19]
Entraînez-moi dans vos univers aux mille merveilles
Aidez-moi à adoucir
Aidez-moi à ralentir

Infarctus du myocarde (crise cardiaque) (prévention)
J'ai choisi la vie, je vis
Aux protections les plus intenses de l'Univers
J'adresse cette prière
Permettez-moi de choisir à tout instant
Le rythme régulier de la vie
Et d'en profiter
Pour l'amour et le don du partage
Amen

---

19. L'Empereur Jaune fait appel de temps en temps à l'âme des plantes dans ses prières. Il explique qu'invoquer la plante, c'est se connecter à son potentiel de propriétés, efficaces même à distance. Pas besoin d'ingérer une plante ou de l'utiliser en pommade, par exemple, pour qu'elle agisse dans cet espace énergétique différent.

Insuffisance cardiaque
Aux instances célestes
Je demande de me préserver de l'essoufflement
De me permettre de retrouver ma vigueur
Mon entrain et ma joie dans la vie
Le rythme vital me traverse
Le tempo me transporte
Je vous remercie

Lipœdème
Je veux casser cette armure
Retrouver ma légèreté et mon insouciance
Je veux casser ces remparts
Qui me séparent de la découverte du monde
Je fais fondre la masse
Elle disparaît
Je renais

Thyroïdite, maladie de Hashimoto (AI) et maladie de Basedow (AI)
Aidez-moi à équilibrer
Le fonctionnement de ma thyroïde
Je la remercie
De tenter de me protéger
Tel un bouclier levé
Je prends la mesure exacte
De ce qui ne me convient pas
Et j'ose crier que je n'en veux pas
Laissez-moi exister
Je ne veux plus d'entraves
Je suis un être libre, expressif et créatif
C'est dit

Les maladies de la peau

Acné
Désordre intérieur
Tout est en désordre
Télescopage de mes pensées
Anarchie de mes émotions
Emmenez-moi vers les paysages de la paix
Les sillages fleuris de la douceur
Transformez le chaos en confettis magiques
Guérissez mon âme
Pour une osmose retrouvée

Dyshidrose
Saint Jean Guérisseur
Prends mes pustules
Prends mes étendues de rougeurs
Régule mes flux et mes feux
À chaque endroit, tu nettoies
Tout disparaît, à jamais

Escarre
Par le miracle de la régénération
Que toute parcelle de plaie soit refermée
Promptement et proprement
Amen

Lupus érythémateux disséminé (AI)
Aux maîtres de l'Univers
J'implore votre aide immédiate
Pour que mon énergie s'active
Et se déverse dans les canaux de l'amour
De la joie et du pardon
Faites cesser le combat inutile
Entrepris contre moi-même
Remettez les armes
Aux bataillons fraternels
L'ennemi, ce n'est pas moi
Je reprends vie

Maladie de Verneuil
Cesse l'inflammation
Aucun danger ne m'approche
Je me remets entre les mains de mes protecteurs
Et j'avance sans peur
Cesse l'inflammation
Aucune flèche ne m'atteint
Je me remets entre les bras de mes puissances aimantes
Je suis en sécurité

Mycose
Aux anges dédiés, porteur du flambeau de la guérison
Aidez-moi à aligner mon cœur et ma raison
Accueillez ma souffrance, mon chagrin, mon impatience
Pour soigner le fil de mes relations
Offrez-moi la confiance, l'optimisme et le temps
Pour un assainissement complet et durable
Merci

Pelade (AI)
Mes chers guides protecteurs
Saisissez mon désarroi
Pour qu'ainsi je comprenne
Ce qui semble évident aux yeux du monde
Survivance de peurs irraisonnées
Stagnance et vivifications soudaines
Tout s'agite puis soudain tout se meurt
Faites-moi entrer dans le palais de l'acceptation
Je suis guéri(e)

Psoriasis (AI)
Au feu qui affleure ma peau
Au feu qui rougit mon manteau
Je lui ordonne de quitter mon organisme
À la lumière enchanteresse qui le remplace
À la lumière des aubes et des crépuscules qui égaie ma toison
Je lui ordonne de venir
Aujourd'hui et tous les demains

Sclérodermie systémique (AI)
Les piliers de ma volonté
Se dressent comme un bouclier
Anéantissant toute progression discordante
Je fais face et assure à mon corps
Que mon âme ne laissera pas
L'invasion avancer
Les canaux des fluides vitaux s'ouvrent
Et arrosent les chemins dégagés
La vie s'écoule paisiblement
Je suis maître de mon destin

Vitiligo (AI)
Ange guérisseur, je t'invoque
Pour aspirer et avaler taches dépigmentées
Ange guérisseur, je t'invoque
Pour soulager ma cuirasse bien-aimée
Que ma peau retrouve son unité
Sa couleur et sa douceur
Bien vite et bien proprement
Merci

Les maladies des oreilles

Acouphènes
Pourquoi masquer la douceur de ma voix ?
Pourquoi embrumer mon esprit jusqu'à me rendre inconnu(e) à moi-même
Je ne reconnais plus mon silence
Je l'envie d'exister à mon insu
Alors, acouphènes,
Aujourd'hui, il ne vous est plus permis
D'habiter mon corps et mes pensées
Détalez et courez à votre perte
Le chemin en commun s'arrête définitivement
Il s'arrête définitivement

Parotidite (oreillons)
Ô protecteurs de ma santé
Puissiez-vous intervenir aujourd'hui
Pour m'aider dans ce carrefour symbolique
J'absorbe et je digère
Je digère et j'exprime
Renforcez mes barrières personnelles
J'absorbe ce qui est bienfaisant pour moi
Et je m'exprime sans retenue
Aidez-moi à me placer avec un « non » entrant et un « oui » sortant
Merci

Les maladies des yeux

Blépharite et sécheresse oculaire
Que la culpabilité me lâche
Qu'elle trouve d'autres voies de transformation
Émotions et auto-accusations s'évacuent
Sur le champ et promptement
Ainsi soit-il

Cataracte
Permettez-moi de m'installer dans le présent
Portant un regard de fierté sur le passé
Et un regard d'espoir sur le futur
Tout est à sa place
Tout est parfait dans ma vie

Chalazion et orgelet
Saint guérisseur des yeux, saint Paul
Apporte ta sainte lumière jusqu'à moi
Délivre-moi de ce chalazion (ou orgelet)
Maintenant et pour toujours.
Merci

Dégénérescence maculaire liée à l'âge (DMLA)
Orgone miraculeuse
Existant en tout être humain
Fraie-toi un passage urgent
Pour inonder mon corps et mes yeux
De ton énergie, de ta vie, de tes prodiges
Que l'évolution de ma maladie régresse et s'arrête
Que ma maladie ne soit plus qu'une tache insignifiante
Dans le paysage de mon existence
Je crois aux pouvoirs illimités de mon corps
Je libère ma volonté de guérir

Kératites et autres maladies de la cornée
Chers médecins du ciel
Accompagnateurs invisibles mais aux pouvoirs inégalés
Dégagez-moi de cette maladie (la nommer)
Tout en soignant mon cœur et mes perceptions
Permettez-moi d'accéder à la tolérance
À l'écoute juste des autres
Pour que s'apaisent en moi les ressentiments
Permettez-moi d'ajuster la distance entre l'extérieur et moi
Pour ne plus souffrir
Et développer une douceur chaleureuse à partager

Les maladies digestives

Suivant les symptômes ressentis, ces prières peuvent être couplées à celle sur la *Digestion lente et maux d'estomac*, celle sur l'*Aérophagie*, les *Nausées / vomissements*, *Constipation*, *Diarrhée* du volume 2.[20]

Appendicite et péritonite
Urgent
J'ai besoin d'aide et d'attention
J'arrive à saturation
Je ne suis plus en capacité d'absorber
Je m'empoisonne
Urgent
J'ai besoin d'aide et d'attention
Je brandis un « stop » franc et massif
Pour un retour au calme immédiat
Je revis

Brûlure d'estomac
Pompiers célestes
Médecins cosmiques
Le feu m'embrase
Tempérez-le
J'ai besoin d'aide
Prenez ce qui irrite, ce qui fait peur
Ce qui m'agite, ce qui augmente ma fureur
Prenez tout
Je suis apaisé(e)

---
20. *Prières de guérison de l'Empereur Jaune*, *op.* cité, pp. 41-44.

Cirrhose
Permettez-moi d'accéder au pardon
Seule voie de guérison
Merci

Colite
Seigneur de ma santé
Je me tourne vers toi
Pour que de ton âme bienveillante
Tu reçoives les preuves de mon impuissance
Seigneur
Mon exigence de perfection
Dérègle ma propre harmonie
Fais que je retrouve l'équilibre
Sans douleur, sans anarchie

Diverticulite sigmoïdienne
Pourquoi tant de douleurs
Nuit et jour
Pourquoi actualiser sans cesse l'objet de ma souffrance
J'écoute en moi les émotions gronder
La tempête émerge mais je ne crains pas
Je me laisse submerger et j'attends
Tout s'apaise et je vais mieux
Merci à tous mes protecteurs
Merci à la compréhension de la vie
Je vis en paix et heureux(se)

Encoprésie
Frayeur primaire me traverse
Elle est comme le monstre de mes cauchemars
Frayeur primaire disparaît
Maintenant, je suis en sécurité, aimé(e) et protégé(e)

Hémorroïde
Chers maîtres de l'Univers
Permettez-moi d'accéder à ce qui m'oblige
Me restreint, m'oppresse
Permettez-moi de guérir
En apportant les changements nécessaires
Dans mon environnement et en moi-même
Merci

Hépatite
Je vous en prie
Faites que j'atteigne la pleine concordance de vibration
Entre ce que je suis et les contraintes extérieures
Faites que j'existe librement
Délivré(e) du regard des autres
Que je m'exprime pleinement
Inspirant les bienfaits de la vie
Je suis dans la vie et avec la vie

Hypokaliémie
Que la flèche de lumière
Atteigne les laboratoires de la transformation chimique
Pour me permettre de retrouver
Équilibre et enchantement

Maladie cœliaque (AI)
Je fais appel à la lumière guérissante
Pour que d'une présence aussi douce qu'une caresse
Elle vienne réparer, colmater, renforcer
Mon système d'assimilation
Je remercie humblement

Maladie de Crohn (AI)
Intelligence universelle, intelligence de mon corps
Je vous fais confiance
Pour alléger ma souffrance
Intelligence universelle, intelligence de mon corps
Rencontrez-vous
Unissez-vous
Pour me libérer de cette prison
Intelligence universelle, intelligence de mon corps
Amenez-moi à la guérison

Pancréatite
Dérèglement vital et engagé
Nécessite une intervention immédiate et puissante
Médecins de lumière
Activez vos forces
Pour m'aider à retrouver
L'ordre dans l'anarchie
Merci

Polype (côlon / rectum)
Que cette excroissance disgracieuse
Reste silencieuse et discrète
Qu'elle ne mette pas de frein
À ce que je vive une existence normale
Tout feu disparaît et polype court avec

Rectocolite hémorragique (AI)
Armée défendante de mon corps
Reprends-toi
Car d'ennemi, tu te trompes
Me laissant dans l'embarras de la souffrance
Soldats, quittez vos œillères
Et pansez mon être
Avant de le bagarrer
Je vous remercie, par l'intervention des anges guérisseurs

Reflux gastro-œsophagien (RGO)
Pompiers du Ciel
Je vous implore de venir éteindre le feu
Qui brûle en moi et m'étreint
Que les braises ardentes, crépitantes et mordantes
S'endorment à tout jamais
Amen

Syndrome de l'intestin irritable
Ô anges merveilleux
Bercez-moi, cajolez-moi
Que la douceur l'emporte sur l'aigreur
Que la peur s'évanouisse devant le courage
J'apprends à fermer les portes
Pour me protéger efficacement
Permettez-moi d'ouvrir en toute sécurité
Merci

Les maladies gynécologiques et rénales

Bartholinite
Libération des voies de passage demandée
Accédez à ma demande, je vous prie
Pour un rétablissement total et immédiat

Endométriose
Par la voie de la compréhension subtile
Par les aides présentes mais non perceptibles
Je demande à entrer en contact avec mon être profond
Afin de dégager de moi
Tout obstacle à ma réalisation
Que ce travail s'effectue à travers moi, par moi, et pour moi
Amen

Fibrome utérin
Mon nid est vivant
Mon nid est accueillant
Permettez que je transforme
Et que j'intègre de nouvelles fonctions
Permettez que j'apporte ma nouvelle contribution
Sur un autre plan, une autre dimension
J'offre le nid de ma confiance
J'offre le nid de mon réconfort

Kyste ovarien
Chers anges de médecine
Attrapez au vol la tristesse de mon être
Mettez-lui des ailes
Transformez son regard
Pour que je devienne libre
Pour que je me réalise
Pleine d'entrain et de joie
Merci

Lichen vulvaire
Avant toute chose, laissez-moi être
Laissez-moi exister sans vous autres
Je porte ma vie sur mon dos
Je dépose sur le bord de la route
Celle des autres
Laissez-moi être
Laissez-moi exister
Laissez-moi m'occuper de mes questions intimes
Choisir et disposer
Laissez-moi être

Mycose vaginale
Qu'est-ce qui me retient ?
Qu'est-ce qui me chatouille ?
Je demande la clarté
La libération de mes émotions
Seule la tristesse construit mes rivières
Je laisse aller le flot
Mycose, il est temps de t'échapper
Je n'ai plus rien à faire avec toi

Insuffisance rénale
Aux médecins chirurgiens là-haut
Je demande le miracle
Aidez-moi à relancer la machine
Murmurez à mon corps
Combien j'y tiens, combien je le choie
Transmettez-lui le flux de la vie
Qu'il continue à le diffuser à travers moi
Dans tous les espaces, dans tous les endroits
Merci

Néphrectomie (bien vivre avec un seul rein)
Organe manquant, place vacante
Un seul rein présent, charge de travail à répartir
Accompagnez mon organisme
Dans la recherche de ce nouvel équilibre
Faites qu'aucune complication
N'entrave son fonctionnement
Faites que la lumière du Ciel
Inonde mes canaux
Pour un surgissement apaisé de la vie

Néphrite et pyélonéphrite
Que les flammes brûlantes et purifiantes
Qui entravent mon corps à ce jour
Consument mes craintes, mes doutes et mes peurs
D'un seul coup
Maintenant

Les maladies hématologiques

Agranulocytose (baisse voire absence de globules blancs), leucopénie et neutropénie
Que les barrières de mon immunité
Se dressent justes et fiables
Que les douves impénétrables de ma forteresse
Soient inondées d'un sang équilibré
Dehors, dedans, plus de confusion
À l'intérieur, je suis moi, fort(e) et bien gardé(e)

Anémie et drépanocytose
Perte de vitalité stoppée
Maîtres de l'Univers harmonisé
Permettez à mon corps d'assimiler et de stocker
Pour une énergie retrouvée

Hémorragie
Achillée millefeuille, renouée et plantain
Venez-moi en aide
Pour que de vos vertus hémostatiques
Soit stoppé le flot
Sang qui sort, stop
Sang dehors, stop
Retour à la normale

Septicémie
Que les eaux souillées
Se laissent atteindre par le miracle
Que les eaux polluées
Se laissent gagner par la vibration de la lumière
Les microbes se désagrègent
Les boues se dissolvent
Maîtres de ma santé
Aidez mon organisme à lutter
Par la force de votre volonté et amour pour moi

Thrombocytopénie (taux de plaquettes bas) et thrombopénie (en cas de cause immunologique principalement)
J'en appelle à l'armée du soutien
Soutien à mon corps qui lutte, qui cherche les appuis
Pour garantir l'équilibre plaquettaire
Aidez-moi à préserver le mouvement de la bascule
Pour que mon corps connaisse ses priorités
Et ses espaces de combat
Je lutte avec vous à mes côtés, je suis fort(e)

Les maladies infectieuses

Coqueluche
Barrière à la cause bactérienne
Érigée devant moi
Bactérie qui s'essouffle
Devant mon mur protecteur
Apaisement de ma toux
Par le dais de la fortification
Je me rétablis

Covid-19
Anges guérisseurs et saints missionnés
Unissez vos talents pour soutenir en profondeur
Mon organisme épuisé, terrassé
Anges guérisseurs et saints missionnés
L'heure est à vous
Pour agir en peloton
Destitution de l'intrus
Qu'il n'en reste aucune trace
Repolarisation de mon être
Élévation de mon socle d'énergie
Pour parvenir à une guérison complète
Merci

Infection nosocomiale
Que la porte d'entrée
Autorisant cet organisme hostile
À pénétrer mon corps
Se referme à jamais
Non sans avoir délogé
L'hôte indésirable
Je retrouve mon être complet
Je me relève et combats fièrement
Je suis en bonne santé

Méningite
Que la lumière divine, éclatante et intense
Franchisse les barricades de l'inexplicable
Pour sauver mon corps souffrant
Qu'elle efface les commandes erronées
Empêchant le cours de ma destinée
Qu'elle réorganise le programme cellulaire
Pour que la vie habite mon existence
Je suis en vie
Je suis libre et heureux(se)

Mononucléose
Êtres célestes du soutien aux Hommes
Soufflez sur les braises de l'énergie vitale
Ranimez avec moi mon feu sacré
Pour que je retrouve vigueur et santé
Portez-moi avec amour
Soyez mes béquilles bienheureuses et dévouées
J'ai besoin de vous pour me régénérer
Amen

Toxoplasmose
Pas de tolérance pour les parasites
Dehors et tout de suite
Je guéris
Mon âme fleurit
Pas de tolérance pour les parasites
Dehors et tout de suite

Les maladies neurologiques, neurodégénératives et neuromusculaires

Ataxie de Friedreich
Anges fédérateurs du soutien
Permettez-moi de me reposer sur vous
De reprendre mon souffle
De libérer ma voix
Embellissez mon ciel d'un bouquet d'étoiles de la force
Allumer le soleil de la foi
Faites glisser sur moi l'harmattan[21] de la joie
Merci

Ataxie spinocérébelleuse
Je demande de l'aide à chacune de mes étapes
Que les fées du bonheur
Saupoudrent le chemin de paillettes de douceur
Qu'elles atténuent chaque symptôme se déclarant
Le rendant invisible et peu dérangeant
Que le flux de la vie soit le plus fort

Démence à corps de Lewy
Adaptation et cohérence
Voici mon ordonnance
Mouvements symphoniques et fluidité
Montrent leur concordance
Aimez-moi
À chaque instant
Soulevez-moi
Dans l'harmonie des cœurs

---
21. Alizé chaud et sec qui souffle sur l'Afrique occidentale (source : Le Robert).

Dystonie
Commande motrice harmonisée
Contraction musculaire en souplesse
Conduction nerveuse habile
L'orchestre joue ensemble en pleine réconciliation
Amen

Dystrophie musculaire
Maladie, ralentis, je veux vivre
Tu régresses, je progresse
Maladie, tu es là
Maladie, je te vois
Que les instances célestes
Te rapetissent encore et encore
Pour me laisser le temps
D'explorer mon existence
Tout va lentement pour toi
Moi, je resplendis

Épilepsie
Affolement neuronal apaisé
Mal rompu à la racine
Le calme est revenu
Arrêt des crises
Tout est bien

Maladie d'Alzheimer (freiner l'évolution)
Ô anges guérisseurs
Sachez prendre soin de moi, de mon corps, de ma tête, de mon âme
Puissiez-vous éclairer les lanternes de ma guidance
M'aider à me porter encore et encore
Ayez de la bonté envers moi
De la douceur et de la tolérance
Aidez-moi à profiter de chaque instant
En présence et en bonne joie
Que ma gaieté l'emporte
Ainsi que ma légèreté d'être

Maladie de Charcot (sclérose latérale amyotrophique)
Merci de m'aider à supporter
Merci de m'aider à traverser
Merci de permettre à mes cellules corporelles
D'être animée des particules de lumière
Faites que ma présence au monde
Illumine les cœurs
Mon âme est à nu mais parfaite
Je suis parfait(e)

Maladie de Huntington
La paix envahit mes cellules nerveuses
La paix et rien d'autre
La paix est le moteur de mon contrôle nerveux
La paix et rien d'autre
Puisse la vie faire glisser la paix
Doucement, intimement
Au creux de mon être aspirant à la joie
Joie – Vie – Paix

Maladie de Parkinson
À l'appel de mon cœur,
Je joins le cri de mon âme
La roue de la vie dégénérescence-régénérescence est harmonieuse
Le cycle infini est fluide
Dégénérescence-régénérescence
L'alternance se produit en mon corps
À la dégénérescence, suit la régénérescence
C'est le cycle de la vie
Je l'accepte
Je l'intègre en moi à nouveau
Je suis la vie qui circule librement
Dégénérescence-régénérescence

Migraine
Aux protecteurs dévoués de ma santé
J'adresse cette humble prière
Que la douleur disparaisse
Que le malaise s'évanouisse
Que mon corps retrouve sa vigueur, son énergie
Pour une vie remplie et utile
Merci

Migraine ophtalmique
Pulsations, tensions
Alerte pour un recentrage
Je stoppe, je ferme les yeux
J'observe à l'intérieur de moi les signaux
Qu'est-ce que je m'impose ?
Qu'est-ce que je m'inflige qui ne corresponde pas
À la respiration de mon âme ?
Je ferme les yeux
Je me laisse traverser
Par le chant de mon âme
Par le chant de la vie
Merci pour ce temps de pause
Par cette prière, j'invoque
L'aide de mes protecteurs
Pour un soin intemporel
Un soin pour moi
Qui ai besoin d'une pause
Amen

Myasthénie (AI)
Que cette prière m'apporte
La sérénité dans l'effort
La paix dans le dépassement
La joie dans le doute
Le bonheur au-delà des manifestations du corps
Je dirige ma pensée
Vers la confiance en mes capacités
Ma bonté et mon émerveillement
Je suis empli(e) de gratitude envers le Tout
Je suis le Tout

Sclérose en plaques (AI)
Permettez-moi d'ériger l'invincible citadelle
Rempart indestructible
Indéfectible défenseur
Apaisant la maladie
Qui s'exprime à travers moi
J'ai besoin de soutien, de vos grâces subtiles
Pour renverser le programme
Et retrouver le chemin de la confiance
Merci à vous tous, bastion de mes armées

Syndrome Gilles de la Tourette
J'invite mon corps au calme
À la paix dans son repos
J'invite mon corps au calme
Je reprends le contrôle sur mon corps
Rien ne me semble insurmontable
Je reprends le contrôle sur mon corps
Chers anges qui veillez sur moi
Aidez-moi, aidez-moi
Merci

Syndrome de Guillain-Barré (AI)
Retour à la normale imminent
Dérèglement qui s'essouffle
La machine se remet en marche
À l'endroit, cette fois
Plus de fourmillements, plus de muscles fatigués
Plus de symptômes invalidants
Mon système immunitaire reprend la main
Je suis sur la voie de la guérison
Je distribue des bulles de gratitude

Syndrome des jambes sans repos (SJSR)
Marcher, courir, danser
Oui, mais pas au lit
Appétit de vivre en décadence
J'invoque les esprits de la nuit
Pour protéger mon sommeil
Et mes folles enjambées
Je conserve mon énergie effervescente
Pour explorer le monde
À la lueur de mes espoirs
Amen

Les maladies osseuses

Ostéoporose
Ô Seigneurs vertueux
Permettez à mon organisme tout entier
D'assimiler, construire ou réparer
Pour que mes os constituent
La charpente de mon univers
Que mon ossature solide et puissante
Me soutienne, me protège et me véhicule
À travers les chapitres heureux de ma vie
Amen

Les maladies psychiatriques et les troubles du neurodéveloppement

Addiction (tous types)
J'ai besoin de force
J'ai besoin de soutien
Maîtres de l'Univers
Aidez-moi, je vous en prie
À tenir bon d'abord
Puis à me stabiliser
À résister
Puis à me contrôler
Grâce à vous
Je me sens capable d'arpenter le monde
Je me fais confiance

Phobie
Je fais appel à mes forces internes
Inondées par la Source de vie
Je suis capable d'affronter et de dépasser
Je ne suis pas seul(e)

Schizophrénie
C'est la lumière qui habite mon cœur
C'est sa clarté qui illumine mon esprit
Rien d'autre ne peut pénétrer mon espace intime
Rien ne peut entraver le chemin grandiose de l'amour
Je suis aimé(e)

Syndrome de stress post-traumatique (SSPT)
Tels des fossiles grimaçants
Les émotions violentes
Se sont imprimées à tous les niveaux de mon être
Autorisez-moi à oublier
À effacer en douceur ces mémoires nocives
Qui m'empêchent de vivre libre
Aidez-moi à calmer la peur
À offrir au passé
La douleur de ses évènements
Je m'affranchis pour sortir de ma chrysalide
Je regagne l'abri de mon insouciance

Trouble bipolaire
J'invoque le flux de la vie qui m'anime
Qu'il soit régulé et stable
Les excès d'euphorie tout comme les anéantissements psychiques
Perturbent le cours de son flot
Parcourant sans cesse
Les sillons de sa rivière
J'invoque le flux de la vie
Pour qu'il génère pour moi
Les ondes de paix
Nécessaires à mon équilibre
Je suis en paix

Troubles du comportement alimentaire

Boulimie
À l'enfant qui respire avec moi
À l'intérieur de moi
J'apporte l'étreinte cajolante
Puisse-t-il se libérer de ses manques
Et de ses vides
Puisse-t-il être orné
Par la douceur angélique
Je ne manque de rien
Je suis empli(e) de quiétude

Anorexie
À mes guides de lumière
Mes amis indéfectibles
Entendez ma prière
Accueillez mon abandon
C'est difficile pour moi
Relevez-moi lorsque je tombe
Pardonnez-moi lorsque je sombre
Chaque pas est le signe
De mon appétit de vivre
Merci de ne pas m'ignorer
Merci d'être là pour moi

Trouble de l'attention avec ou sans hyperactivité
À chaque pas, je décroche, je raccroche
À chaque pensée, je décroche, je raccroche
Aidez-moi à saupoudrer sur mon cerveau exalté
La poussière étoilée de la tempérance
Aidez-moi à rester concentré(e)
Aujourd'hui et maintenant

Trouble obsessionnel compulsif (TOC)
Je trace le mot « confiance »
Sur tous les écriteaux de mon existence
Confiance en moi
Confiance en eux
Confiance en la vie

Trouble oppositionnel avec provocation
Que la douche céleste de l'amour
Fasse glisser ses gouttes de tolérance
Qu'elles s'immiscent au creux de mon être
Pour apaiser la rage et la fougue destructrice
Que la douche solaire de la bonté
Révise mes sentiments noircis
Qu'elle s'infiltre en mon cœur
Pour colorer gaiement mes élans adoucis
Envers moi
Envers les autres
Merci

Les maladies respiratoires

Apnée obstructive du sommeil (SAHOS)
Que le rythme de ma respiration, fluide et continu
Me soutienne durant mon sommeil
Qu'aucune pause ne soit tolérée
Pour un repos mérité
Anges protecteurs de mes nuits
Merci

Bronchite
Par les grâces de l'éther vivifiant
Que microbes et mucus se dérobent
Pour clarifier mes poumons
Je remercie la vie
Pour l'attention qu'elle me porte
Et l'amour que je ressens
Lorsqu'elle aère ma respiration

Emphysème et bronchopneumopathie chronique obstructive (BPCO)
Ô saints guérisseurs et maîtres lumineux
Cessez la destruction, stoppez la dégradation
Poumons et cœur travaillent de concert
Pour la symphonie joyeuse de ma vie
Permettez les échanges, autorisez l'alchimie
Mon corps vit, mon corps renaît

Fibrose pulmonaire
Que l'air de la vie circule aisément
Qu'il traverse les écueils
Et parvienne au carrefour des transformations
Apportez de la souplesse
Mes alvéoles sont à court
Apportez de la douceur
Là où l'inflammation me défie
Que l'air de la vie circule en mon sang
Par la transformation magique
Des échanges gazeux de mon corps
Je suis reconnaissant pour les progrès
Je respire librement

Mucoviscidose
Pour moi qui suis né(e) avec la mucoviscidose
Faites-moi gagner la paix
Avec des symptômes réfrénés
Mes poumons sont des fenêtres ouvertes
Sur le paysage de mes envies
Je vis, je respire
Épargnez-moi les infections, les complications
Aidez-moi à adoucir mon existence

Pleurésie
Que la plèvre recouvrant mes poumons et ma cage thoracique
Retrouve mobilité et santé
Que l'effort diminue et facilite mes mouvements respiratoires
Je prends soin des murs de mon temple
Qui m'assurent une couverture protectrice
Je rends grâce mille fois
Pour mon souffle retrouvé

Pneumonie et tuberculose
Par votre intercession, chers anges bienveillants
Je demande que cesse l'inflammation
Que disparaisse l'infection
Pour que le trajet de mon air se libère
En une autoroute dégagée
Que tous les symptômes s'évanouissent
Comme une brume d'hiver dissipée
Je vous remercie d'intervenir très vite
Pour rétablir mon équilibre et ma santé
Merci

Les maladies rhumatologiques

Fibromyalgie et syndromes douloureux chroniques
Douleurs incessantes, fulgurantes, imprévisibles
Faiblesse qui m'envahit sans que je puisse réagir
Dégagez de mon être
Rendez-lui sa souplesse
C'est la joie qui m'anime
Lorsque mon corps est silencieux
Je veux faire entendre ma voix
Pour une symphonie sans limite

Polyarthrite rhumatoïde (AI)
J'entame le recul
Je freine les déformations
Je refuse d'abdiquer
Mon corps se rebelle
Pas d'acceptation
Pas de résignation
Je freine les conséquences de la maladie
Je vis du mieux possible
Avec ce qu'elle occasionne comme difficultés
Je demande que mon être
Soit protégé et solide pour affronter
La lumière baigne mes articulations du fluide rénovateur
Merci

Spondylarthrite ankylosante (AI)
Inflammation, stop
Je souhaite le repos
Douleur, stop
Je réclame la flexibilité
Donnez-moi la paix de mon corps
Pour éprouver la joie de mon être
Merci

Les maladies sexuellement transmissibles

Herpès génital
À mes sources protectrices
Je demande la mise en sommeil du virus
Qu'à jamais il s'endorme
Je demande le renforcement de mon système immunitaire
Pour qu'aucune porte ne lui soit ouverte
Protégez-moi
Protégez les autres

Papillomavirus humain (HPV)
Au virus introduit je m'adresse
Je supplie ton départ
Mon corps n'est pas ton temple
Je supplie ta fuite
Mon corps ne t'accueille plus
Tu es propulsé au dehors
Qu'importe ce qu'il advient de toi
Je m'occupe d'assainir ma demeure
Je suis ferme et déterminé(e)

Sida
Aux grandes autorités du Ciel
J'invoque la bénédiction
Pour que mon système immunitaire
Sache lutter, contrer
Sans s'essouffler
Que votre influence céleste
Anéantisse les symptômes d'affaiblissement
Que votre amour incomparable
M'accompagne sans limite
Merci

Les maladies à transmission vectorielle

Maladie de Lyme (borréliose de Lyme)
Je demande que mes corps physique et énergétique
Éjectent jusqu'au moindre germe et trace
La présence de cette bactérie invasive
Je demande à ce que mes corps physiques et énergétiques
Se parent de leur manteau de protection
Pour la disparition complète et définitive des symptômes
Je retrouve intégrité, forme et santé

Paludisme (malaria)

En prévention des crises
Anges protecteurs de ma santé
Faites que mon corps
Ne permette aucun réveil du parasite
Qu'il se taise à jamais

En cas de crise
Anges protecteurs de ma santé
Venez promptement à mon secours
Démêlez chaque filet me tenant captif(ve)
Pour que mon corps résiste et se défende
Par vos enveloppements énergétiques puissants
Anéantissez la vigueur de ce parasite indésirable
Je vous remercie de tout cœur

Dengue et chikungunya
Que la lumière angélique fasse s'envoler
Chaque trace de virus
Dont la ruée pénétrante
Est aussi rapide que son abolition
Que la lumière angélique sillonne mon être
Pour égayer chacune de mes cellules rayonnantes d'entrain
Les symptômes régressent et disparaissent
Je suis en bonne santé

Les maladies musculosquelettiques
(ou troubles musculosquelettiques)

Épicondylite
Ô maîtres guérisseurs, protecteurs bienveillants
Emportez jusqu'aux airs purificateurs
L'acidité qui s'est emparée de mon corps
Provoquant des sensations douloureuses dans mes coudes
Emportez-la loin, je vous l'ordonne
Et je glisse dans son bagage
Mes ressentiments encore encagés
Pour qu'ils soient libérés et nettoyés
La déception, la colère et la rancune
N'ont plus de place ici
La sagesse m'envahit, douce et légère
Merci

Lombalgie
Douleur pointue qui ceintre mon dos
Diminue jusqu'à disparaître
Douleur aiguë qui plaque mon échine
Cesse ton vacarme et libère-moi
J'avance en paix
Dans la souplesse retrouvée

Syndrome du canal carpien
Le mal se dissipe
La voie s'élargit
Et replace mon nerf dans ses fonctions
Une voie libre
Des obstacles franchis
Je retrouve sensibilité et mobilité
Amen

Tendinite de la coiffe des rotateurs de l'épaule et bursite sous-acromiale de l'épaule
Amis célestes, exercez votre habileté prodigieuse
Pour m'aider dans cette situation de douleur à l'épaule
Préservez mes tendons
D'une rupture non désirée
Fortifiez-les
Pour guérir l'inflammation
Et me rendre ma mobilité
Amen

La grossesse, l'accouchement et l'allaitement

Favoriser le travail de l'accouchement
C'est aujourd'hui que les étoiles viennent toucher la Terre
Alors, j'accueille
Transfert des mondes, miracle de la vie
Mon corps est un temple dédié à l'amour
Porte du passage offerte
Canal de transition détendu
Bébé choisit sa pente
Et moi, j'accueille
Aujourd'hui, les étoiles communiquent à la Terre
Qu'une nouvelle vie vient de naître

Allaitement
Favoriser la lactation
Ouvrez les robinets célestes
Pour que jamais ne tarissent
Les sources du lait nourricier
Que ma lactation soit prospère et généreuse
Je suis emplie de gratitude

Crevasse
Que le feu de mes blessures
S'éteigne et guérisse
Qu'il disparaisse au rang des souvenirs
Effacez mes craintes
Pour que mon allaitement se poursuive
Douleur dissipée, sérénité retrouvée

Engorgement mammaire
Je porte la confiance en mes capacités
À nourrir mon bébé
Avec abondance et sans nécessité
Tout est juste, régulé et sans excès
Le passage est libéré
Les flux s'écoulent à merveille
Tout est bien
Amen

Dépression post-partum
Délivrance obligée d'une symbiose partagée
Mon corps se relève d'une aventure unique
Il s'équilibre à nouveau sans penser à la perte
Je me sens pleine dans le regard de mon enfant
Je me sens vivante allaitant mon bébé
Tu n'es plus en moi mais tu vibres de ta propre liberté
Je suis là pour moi
Je suis là pour toi

Retrouver son corps après l'accouchement
L'Univers a fait de moi une mère
L'Univers m'a confié cette mission exceptionnelle
Adaptation incroyable de mon corps intelligent
Mon corps que je retrouve pourtant différent
Permettez-moi d'accepter les transformations irréversibles
Marquant mon passage dans le champ de la maternité
Aidez mon corps à se redécouvrir et à récupérer
Pour se définir à nouveau dans son unicité
Merci

Autres situations

Greffe et prothèse
Que mon corps tolère mon greffon (*ou* ma prothèse)
Autant que mon âme déborde de gratitude
Que l'union provoquée
Aboutisse à la fusion espérée
Greffon (*ou* Prothèse), je t'accepte en mon corps
Je te remercie de me permettre une nouvelle vie
Les nouvelles cellules de lumière
Activent leur sève régénératrice
Et œuvrent pour la construction
Merci, mille fois merci

La crise suicidaire (accompagner la désespérance)
Je me sens mal
La vie n'a plus de saveur
Je me sens mal
J'appelle à l'aide

J'ai besoin du collier céleste de l'amour
De la force cosmique de la volonté
Pour me tirer et me porter

À tous mes anges protecteurs
Je demande de m'aider à ne pas sombrer

Offrez-moi la lumière en cadeau
Sa chaleur et la clarté du discernement
Sortez-moi des sillages silencieux et infernaux
Par la puissance glorieuse de la vie

Que le châle de la protection soit mon abri
Que la beauté de la vie caresse mon âme
Pour faire fuir la douleur d'exister
Que la douceur atteigne mon cœur
Pour me donner la certitude de la foi

Foi en ce que je suis de meilleur(e)
Confiance infinie en mon courage
Je suis en vie

Conclusion

Dans ce dialogue insolite avec l'Empereur Jaune, il paraît toujours étonnant de voir comme ses conseils, soins ou prières sont appropriés à notre époque. Bien que des ponts temporels existent entre sa période d'existence et la nôtre, nous avons souhaité lui demander si ces maladies existaient à son époque. Voici sa réponse :

> Nous ne pouvons pas dire que toutes ces maladies existaient en mon temps, car les moyens de les diagnostiquer n'étaient pas encore créés
> De plus, il existait de mon temps des maladies disparues aujourd'hui en votre temps
> Alors, laisse la notion de temps
> Je suis intemporel, je suis volant entre les mondes
> Le livre des prières de soutien s'adresse à votre génération
> Considère que chaque époque du temps est une génération
> Moi, j'en étais à l'enfance
> Vous, vous en êtes à l'adolescence
> Dans mille ans, ce seront les adultes, etc.
> Tu ne peux pas t'adresser à des enfants comme tu t'adresses à des adultes, n'est-ce pas ?
> Alors, j'ai cette capacité d'adaptation qui fait que je sais ce dont le monde a besoin au moment où les lignes s'écrivent
> Je n'ai pas soigné de thrombopénie par exemple, mais je savais sentir les flux, les mouvements et blocages d'énergie
> Le traitement aurait-il été différent si j'avais connu le nom de « thrombopénie » ?
> Je ne pense pas
> Autre chose, et cela est d'une importance capitale même si j'en conviens, elle en fera frémir certains : soigner en mon temps était fait de manière juste par rapport à nos connaissances

Soigner en votre temps est juste aussi, même si vous vous considérez comme plus évolués
Je pense que nous sommes complémentaires, frères d'évolution, que sans nous vous précédant, vous n'auriez pas avancé comme vous l'avez fait
L'Homme est toujours en recherche de mieux et c'est le sens de la vie
Il est chercheur dans l'âme
Il veut toujours aller plus loin car la souffrance sur la terre lui est insupportable
Et c'est bien là, l'ordre du monde
L'Homme s'incarne pour expérimenter qui il est, pour parfaire ce qu'il a acquis dans des vies passées et le mettre au service de l'Humanité
Se mettre au service, c'est l'unique raison de notre engagement sur terre, l'unique
Et qui dit engagement, dit apprivoiser la souffrance, ne plus la supporter jusqu'à ce qu'elle nous amène à agir contre
Nous n'avons pas à accepter la souffrance
Il est légitime de vouloir l'éradiquer comme une maladie corrosive, aux dents acérées
Agissons tous ensemble
Unissons nos savoirs, nos compétences, nos savoir-faire pour toujours aller plus loin dans le diagnostic et le soin des maladies
Pour nous unir solidement, nous devons accepter que le soin spirituel en est un à part entière
Cela ne veut pas dire qu'il doit remplacer les soins du corps
Le soin spirituel comprend le ressenti et le travail des énergies, mais aussi l'accompagnement par la maîtrise de la pensée (méditation, prières) qui n'est autre qu'un travail énergétique
Notre travail s'insère exactement là

Désormais, c'est le vôtre qui commence. Portez-vous bien, vous et vos proches.

Table des matières

Introduction 5

Les maladies cancéreuses

Cancer particulier de l'enfant 13
Cerveau 13
Col de l'utérus 14
Côlon 14
Estomac 14
Foie 15
Intestin grêle 15
Leucémie 15
Lymphome 16
Œsophage 16
Os 16
Pancréas 17
Peau 17
Plèvre 18
Poumon 18
Prostate 19
Rein 19
Sein (femme) 20
Testicule 20
Thyroïde 21
Vessie 21
Voies aérodigestives supérieures (VADS) 21
Pour éviter les récidives 22

Les maladies cardiovasculaires et métaboliques

Accident vasculaire cérébral (AVC) 22
Artérite 22
Caillot (prévention) 23

Diabète de type 1 (AI pour « auto-immune »)	23
Diabète de type 2	23
Diabète gestationnel	23
Embolie pulmonaire (prévention)	23
Hypercholestérolémie	24
Hypertension artérielle	24
Infarctus du myocarde (crise cardiaque) (prévention)	24
Insuffisance cardiaque	25
Lipœdème	25
Thyroïdite, maladie de Hashimoto (AI) et maladie de Basedow (AI)	25

Les maladies de la peau

Acné	26
Dyshidrose	26
Escarre	26
Lupus érythémateux disséminé (AI)	27
Maladie de Verneuil	27
Mycose	27
Pelade (AI)	28
Psoriasis (AI)	28
Sclérodermie systémique (AI)	28
Vitiligo (AI)	29

Les maladies des oreilles

Acouphènes	29
Parotidite (oreillons)	30

Les maladies des yeux

Blépharite et sécheresse oculaire	30
Cataracte	30
Chalazion et orgelet	31
Dégénérescence maculaire liée à l'âge (DMLA)	31
Kératites et autres maladies de la cornée	31

Les maladies digestives

Appendicite et péritonite	32
Brûlure d'estomac	32
Cirrhose	33
Colite	33
Diverticulite sigmoïdienne	33
Encoprésie	33
Hémorroïde	34
Hépatite	34
Hypokaliémie	34
Maladie cœliaque (AI)	34
Maladie de Crohn (AI)	35
Pancréatite	35
Polype (côlon / rectum)	35
Rectocolite hémorragique (AI)	36
Reflux gastro-œsophagien (RGO)	36
Syndrome de l'intestin irritable	36

Les maladies gynécologiques et rénales

Bartholinite	37
Endométriose	37
Fibrome utérin	37
Kyste ovarien	37
Lichen vulvaire	38
Mycose vaginale	38
Insuffisance rénale	38
Néphrectomie (bien vivre avec un seul rein)	39
Néphrite et pyélonéphrite	39

Les maladies hématologiques

Agranulocytose (baisse voire absence de globules blancs), leucopénie et neutropénie	39
Anémie et drépanocytose	40

Hémorragie 40
Septicémie 40
Thrombocytopénie (taux de plaquettes bas) et thrombopénie
(en cas de cause immunologique principalement) 40

Les maladies infectieuses

Coqueluche 41
Covid-19 41
Infection nosocomiale 41
Méningite 42
Mononucléose 42
Toxoplasmose 42

Les maladies neurologiques, neurodégénératives et neuromusculaires

Ataxie de Friedreich 43
Ataxie spinocérébelleuse 43
Démence à corps de Lewy 43
Dystonie 44
Dystrophie musculaire 44
Épilepsie 44
Maladie d'Alzheimer (freiner l'évolution) 45
Maladie de Charcot (sclérose latérale amyotrophique) 45
Maladie de Huntington 45
Maladie de Parkinson 46
Migraine 46
Migraine ophtalmique 47
Myasthénie (AI) 47
Sclérose en plaques (AI) 48
Syndrome Gilles de la Tourette 48
Syndrome de Guillain-Barré (AI) 48
Syndrome des jambes sans repos (SJSR) 49

Les maladies osseuses

Ostéoporose 49

Les maladies psychiatriques et les troubles du neurodéveloppement

Addiction (tous types) 50
Phobie 50
Schizophrénie 50
Syndrome de stress post-traumatique (SSPT) 51
Trouble bipolaire 51
Troubles du comportement alimentaire
    Boulimie 52
    Anorexie 52
Trouble de l'attention avec ou sans hyperactivité 52
Trouble obsessionnel compulsif (TOC) 53
Trouble oppositionnel avec provocation 53

Les maladies respiratoires

Apnée obstructive du sommeil (SAHOS) 53
Bronchite 54
Emphysème et bronchopneumopathie chronique obstructive (BPCO) 54
Fibrose pulmonaire 54
Mucoviscidose 54
Pleurésie 55
Pneumonie et tuberculose 55

Les maladies rhumatologiques

Fibromyalgie et syndromes douloureux chroniques 56
Polyarthrite rhumatoïde (AI) 56
Spondylarthrite ankylosante (AI) 56

Les maladies sexuellement transmissibles

Herpès génital	57
Papillomavirus humain (HPV)	57
Sida	57

Les maladies à transmission vectorielle

Maladie de Lyme (ou borréliose de Lyme)	58
Paludisme (malaria)	
En prévention de crise	58
En cas de crise	58
Dengue et chikungunya	59

Les maladies musculosquelettiques (ou troubles musculosquelettiques)

Épicondylite	59
Lombalgie	59
Syndrome du canal carpien	60
Tendinite de la coiffe des rotateurs de l'épaule et bursite sous-acromiale de l'épaule	60

La grossesse, l'accouchement et l'allaitement

Favoriser le travail de l'accouchement	60
Allaitement	61
Crevasse	61
Engorgement mammaire	61
Dépression post-partum	61
Retrouver son corps après l'accouchement	62

Autres situations

Greffe et prothèse	62
La crise suicidaire (accompagner la désespérance)	63

Conclusion   64

www.ingramcontent.com/pod-product-compliance
Lightning Source LLC
Chambersburg PA
CBHW030044100526
44590CB00011B/329